Waschen und Falten

Selina Ursprung
edition clandestin

Halle (Saale)   13:54:14   2021-01-13
Roubaix   13:54:14   2021-01-13

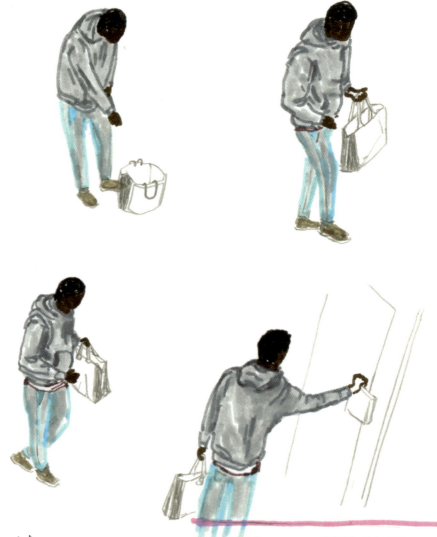

Halle (Saale) 13:55:12 2021-01-13
Roubaix 13:55:12 2021-01-13

bienvenue dans votre laverie
ich sitze
im Bademantel
vor dem Bildschirm

zu unterschiedlichen Zeiten
unterwegs
in unterschiedlichen Zeitzonen
Zeit um fremden Menschen
beim Warten zuzusehen

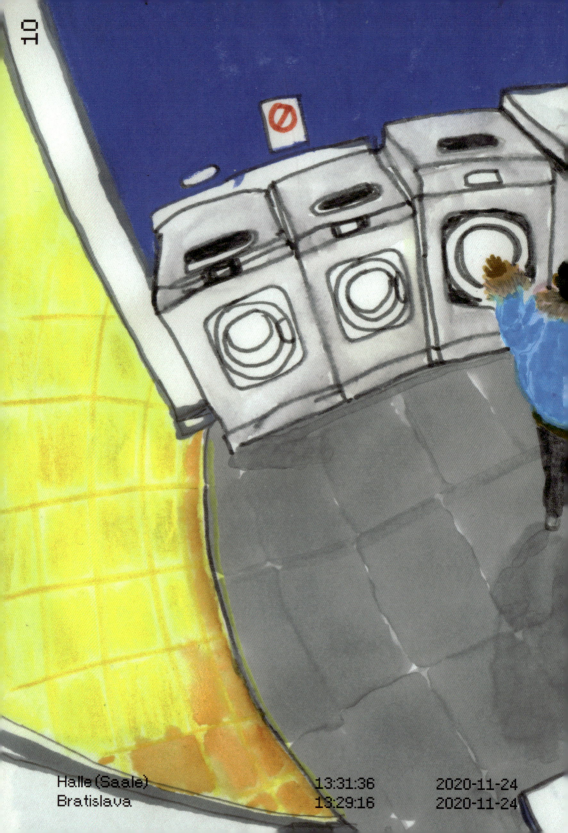

Halle (Saale) 21:56:12 2020-11-22
Osaka 04:56:07 2020-11-22

16:26:57

16:27:01

16:26:58

16:27:02

16:27:00

16:27:13

| Halle (Saale) | 14:37:29 | 2020-06-11 |
| Paris | 14:37:29 | 2020-06-11 |

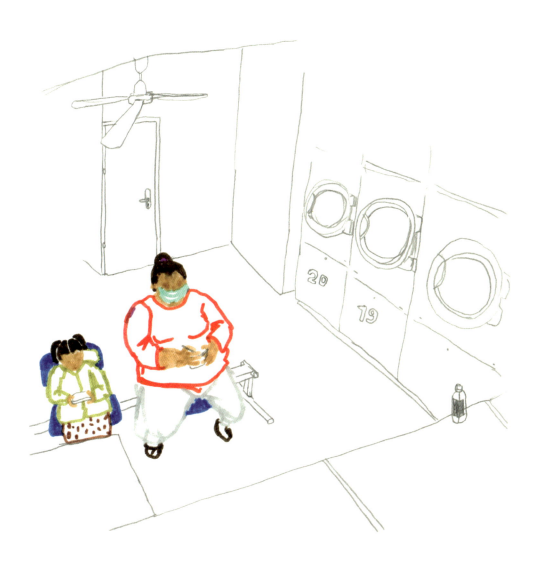

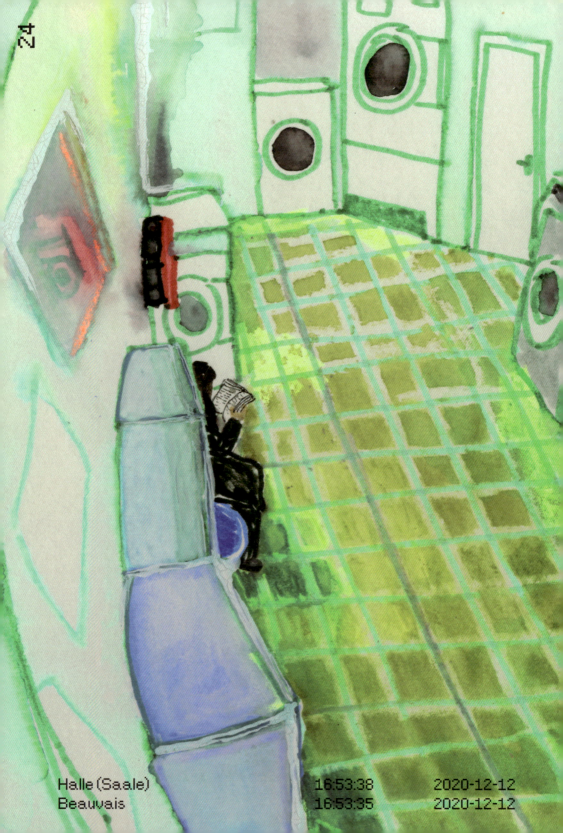

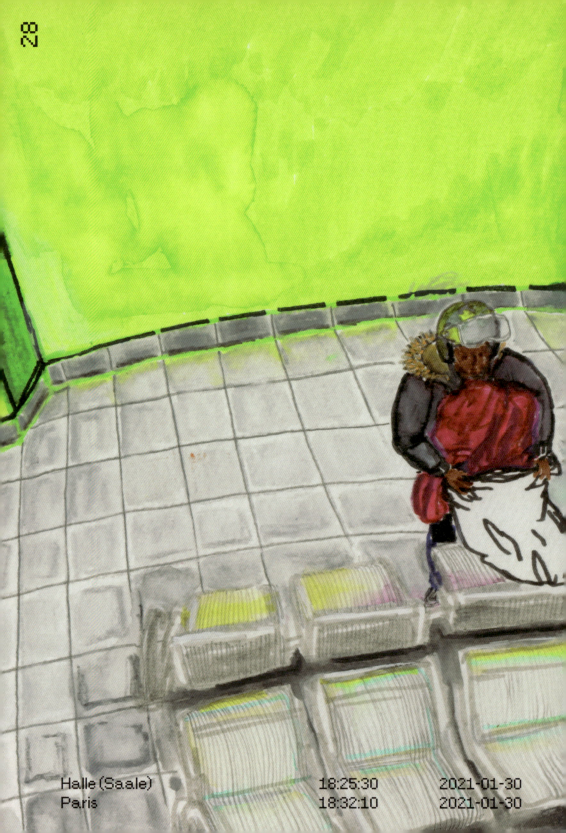

31

Halle (Saale)	20:13:57	2020-10-08
Paris	20:14:57	2020-10-08

Halle (Saale)　　　　08:19:56　　　2021-01-15
Gwangmyeong　　　15:13:09　　　2021-01-15

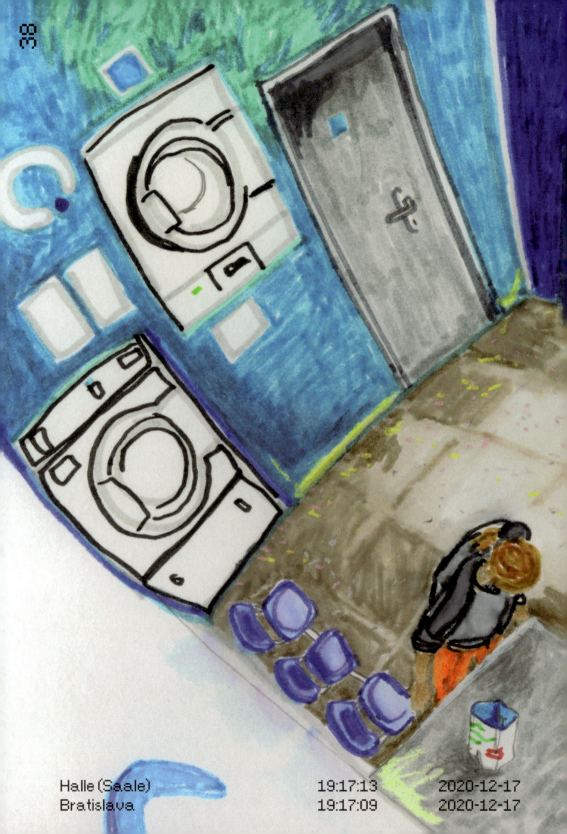

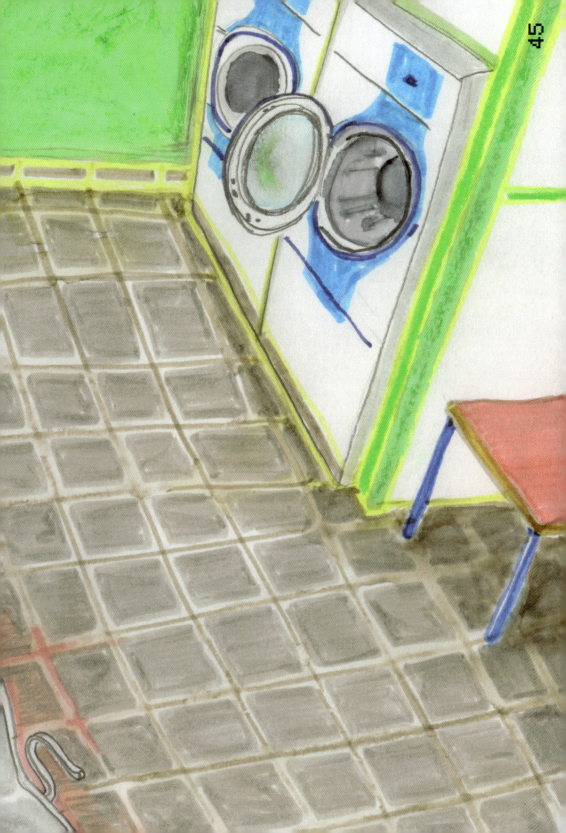

Halle (Saale)	08:21:12	2021-01-15
Roubaix	08:21:09	2021-01-15

Halle (Saale)	08:43:06	2021-01-15
Roubaix	08:43:03	2021-01-15

55

Halle (Saale)   20:31:32   2021-01-09
Roubaix   20:31:29   2021-01-09

Halle (Saale)　　　　20:50:36　　2021-01-09
Roubaix　　　　　　 20:50:33　　2021-01-09

Halle (Saale) 20:51:14 2021-01-09
Roubaix 20:51:11 2021-01-09

Halle (Saale)　　　　　13:56:21　　2021-01-13
Roubaix　　　　　　　13:56:21　　2021-01-13

Tausendundein

Es gibt tausend Gründe, keinen Waschsalon aufzusuchen. Abneigung. Ekel. Faulheit. Trostlosigkeit. Ungeduld. Unsicherheit. Zurückgezogenheit. Menschen wohnen im Dorf und in Dörfern gibt es keine Waschsalons. In Sermaize-les-Bains allerdings schon.

Selina hat ein Jahr lang von Halle aus ihren Laptop eingeschaltet und virtuell Waschsalons auf dem Erdball aufgesucht. Im Netz hatte sie durch das Projekt Insecam, das weltweit grösste Verzeichnis von öffentlich zugänglichen Überwachungskameras, auf unzählige ungesicherte Lokalitäten Zugang; live oder mit einer technisch bedingten Verzögerung. Selina sass wochenlang zu Hause, beobachtete stumm von aussen Innenräume. Fixiert aufs Optische, mit offenem Skizzenbuch und Buntstiften. Was sie sah, ist nicht das, was man sich imaginiert: Menschen schlafen, Smartphones laufen heiss, Kaffeebecher bleiben liegen. Zu Randzeiten wird geputzt. Überall gekachelte Fussböden und in langen Reihen aufgestellte Waschmaschinen und Trockner. In Waschsalons werden die Tage länger. Es wird behauptet, das optimale Verhältnis von Trocknern zu Waschmaschinen betrage 1 zu 2,5.

Dieses Buch ist das Ergebnis einer sanften, kunstvollen Observierung. Die Leute in den Waschsalons erahnen die Millionen Überwachungskameras, den Grossen Bruder, der sie einfängt. Aber sie konnten nicht wissen, dass in ihrem Fall der Grosse Bruder auch eine Zeichnerin vom Jurasüdfuss war. Selina ist nicht auf Daten, Informationen oder Sensationen aus, sondern hinterfragt sich selbst als Voyeuristin, tut Dinge, die die Kamera nicht tut. Es entsteht eine Auswahl aus der Bilderflut, Digitales wird präsent und erwächst im Buchkörper. Der Einsamkeit, dem Stillstand, den Plastiktüten werden Licht und Schatten abgerungen. Farbe wird eingehaucht. Die Langeweile verwandelt sich in Bilder einer langen Zeit. Anders: Im Waschsalon in Roubaix liegt eine Geschichte. Die Masken fallen, zwei Liebende küssen sich.

Die unbemerkte Beobachterin färbt die Sicht auf den Alltag und lenkt den Blick der geneigten Leser:innen auf eine Welt, die scheinbar banale Dinge beheimatet. Anders als die Aufnahmen von Überwachungskameras vermitteln die hier publizierten Bilder nicht die vermeintliche Wirklichkeit, verbürgte Informationen, sondern sind gezeichnet von verzerrten Raum- und Zeitperspektiven. Während des Waschprogramms tauchen Fragen auf. Als Kind schaute ich in das Guckloch der Waschmaschine und versuchte zu verstehen, weshalb unsere Waschmaschine ein Bullauge hat, der Trockner oder die Geschirrspülmaschine aber nicht.

Selinas Buch erweckt die kindliche Neugierde am verwaschenen Alltag. Und so verkehrt sich die anfängliche Behauptung in ihr Gegenteil: Es gibt tausend Gründe, einen Waschsalon aufzusuchen. Wenn Du also das nächste Mal in Bangkok, Tokio oder Paris verweilst, sei nicht ganz sauber im Kopf und gönne Dir einen Schleudergang. Einer der Gründe dafür liegt in Deiner Hand.

Index

⑲ Halle (Saale), Deutschland → Selina Ursprung

Ort	Kamera	Seite
① Roubaix, Frankreich	Axis	3, 4, 5, 32, 34, 46 47, 48, 49, 62 63, 64, 66, 68 70, 72, 73, 77
② Sermaize-les-Bains, Frankreich	Axis	8
③ Paris, Frankreich	Axis	6, 7, 15, 18, 21 28, 30, 31, 44 56, 75, 78, 82
④ Vitry-sur-Seine, Frankreich	Axis	58
⑤ Beauvais, Frankreich	Axis	24
⑥ Marseille, Frankreich	Panasonic	20, 57, 59, 74
⑦ Franconville, Frankreich	Axis	94
⑧ Liège, Belgien	Mobotix	26
⑨ Bratislava, Slowakei	Hi3516	10, 36, 38, 40
⑩ Seoul, Südkorea	Axis	22, 52, 76
⑪ Gwangmyeong, Südkorea	Axis	35, 50
⑫ Osaka, Japan	Panasonic HD	12, 14
⑬ Tokio, Japan	Canon	60
⑭ Taipeh, Taiwan	Hi3516	81
⑮ Bangkok, Thailand	Hi3516	42
⑯ Chon Buri, Thailand	Defeway	80
⑰ Moskau, Russland	Hi3516	54
⑱ Nikolajewka, Russland	ChannelVision	16

Impressum

Mein herzlicher Dank geht an Basil Linder und Eva Wolf für ihre wertvolle Arbeit und Ausdauer, Simon Messerli für die Textbeiträge, Judith Luks für die Zusammenarbeit, Beat Frank für die Vermittlung, Marvin Brütsch für die Korrekturen, Sanna Schiffler und Georg Barber für die Konsultationen und allen Freund:innen für ihr Dazutun auf unterschiedlichste Art.

Mit Unterstützung durch Swisslos / Kultur Kanton Bern, Stadt Biel, Ruth & Arthur Scherbarth Stiftung, Manuela Wurch Güdel Stiftung und Burgergemeinde Bern.

Konzept, Illustrationen, Texte: Selina Ursprung
Gestaltung: 7er Studio, Eva Wolf und Basil Linder
Text «Tausendundein»: Simon Messerli
Druck und Bindung: Thomas Druck Leipzig GmbH

Verlag: edition clandestin, Biel/Bienne
www.edition-clandestin.ch

© 2022
edition clandestin, Selina Ursprung

1. Auflage, 500 Ex.
ISBN 978-3-907262-29-0

Deutsche Nationalbibliothek – cip – Einheitsaufnahme

| Halle (Saale) | 15:51:28 | 2021-01-22 |
| Franconville | 15:51:28 | 2021-01-22 |